Empoeme-se

Editora Appris Ltda.
1.ª Edição - Copyright© 2022 da autora
Direitos de Edição Reservados à Editora Appris Ltda.

Nenhuma parte desta obra poderá ser utilizada indevidamente, sem estar de acordo com a Lei nº 9.610/98. Se incorreções forem encontradas, serão de exclusiva responsabilidade de seus organizadores. Foi realizado o Depósito Legal na Fundação Biblioteca Nacional, de acordo com as Leis n.os 10.994, de 14/12/2004, e 12.192, de 14/01/2010.

Catalogação na Fonte
Elaborado por: Josefina A. S. Guedes
Bibliotecária CRB 9/870

P896e 2022	Prado, Irene 　　Empoeme-se / Irene Prado. - 1. ed. - Curitiba : Appris, 2022. 　　173 p. ; 21 cm. 　　ISBN 978-65-250-2745-6 　　1. Poesia brasileira. I. Título. 　　　　　　　　　　　　　　　　　　　　　　CDD – 869.1

Editora e Livraria Appris Ltda.
Av. Manoel Ribas, 2265 – Mercês
Curitiba/PR – CEP: 80810-002
Tel. (41) 3156 - 4731
www.editoraappris.com.br

Printed in Brazil
Impresso no Brasil

IRENE PRADO

Empoeme-se

FICHA TÉCNICA

EDITORIAL	Augusto V. de A. Coelho
	Marli Caetano
	Sara C. de Andrade Coelho
COMITÊ EDITORIAL	Andréa Barbosa Gouveia (UFPR)
	Jacques de Lima Ferreira (UP)
	Marilda Aparecida Behrens (PUCPR)
	Ana El Achkar (UNIVERSO/RJ)
	Conrado Moreira Mendes (PUC-MG)
	Eliete Correia dos Santos (UEPB)
	Fabiano Santos (UERJ/IESP)
	Francinete Fernandes de Sousa (UEPB)
	Francisco Carlos Duarte (PUCPR)
	Francisco de Assis (Fiam-Faam, SP, Brasil)
	Juliana Reichert Assunção Tonelli (UEL)
	Maria Aparecida Barbosa (USP)
	Maria Helena Zamora (PUC-Rio)
	Maria Margarida de Andrade (Umack)
	Roque Ismael da Costa Güllich (UFFS)
	Toni Reis (UFPR)
	Valdomiro de Oliveira (UFPR)
	Valério Brusamolin (IFPR)
ASSESSORIA EDITORIAL	Manuella Marquetti
REVISÃO	Monalisa Morais Gobetti
PRODUÇÃO EDITORIAL	Raquel Fuchs
DIAGRAMAÇÃO	Daniela Baumguertner
CAPA	Eneo Lage
COMUNICAÇÃO	Carlos Eduardo Pereira
	Karla Pipolo Olegário
LIVRARIAS E EVENTOS	Estevão Misael
GERÊNCIA DE FINANÇAS	Selma Maria Fernandes do Valle

Aos que acreditam no poder da Arte

À minha mãe, Acy, que me mostrou que a poesia é uma forma de encarar o mundo.

A gente gostava das palavras

quando elas perturbavam o sentido normal das ideias.

Porque a gente sabia que só os absurdos enriquecem a poesia.

(Manoel de Barros)

APRESENTAÇÃO

Como bem brasileira que sou, com as devidas licenças poéticas, permito-me brincar com as palavras como as crianças brincam com tampas de panela e potes de plástico: reinventando seus usos. Este livro é um convite a uma outra forma de ver o mundo. Empoemar-se é ver poesia nas pequenas coisas do dia a dia, é deixar-se levar, sem muita crítica ou julgamento, lançando ideias e pequenos pensamentos ao Universo. É uma forma leve e divertida de encarar a vida e compartilhá-la. Pequenos poemas são pensamentos que não queremos jogar fora. Se você chegou até aqui, é porque, assim como eu, acredita que esses momentos compartilhados têm o poder de nos tirar do lugar comum, levando-nos a redimensionar nossos sentimentos, reflexões e vulnerabilidades.

Que estes poemas transformem-se em pílulas diárias de esperança em sua mesa de cabeceira, aos quais você possa recorrer sempre que quiser ou necessitar.

PREFÁCIO

Muito feliz e honrada, aceitei escrever o prefácio deste livro. Um convite que não poderia ser mais especial: poesias que falam da natureza, do mar, da rotina, da maternidade, das memórias de infância, do afeto que atravessa tudo isso e, ainda, escritas por quem admiro desde que me entendo por gente.

Antes de falar da Irene escritora, preciso falar daquela que sempre enxerguei como a neta mais linda e generosa (perdoem-me, primas) da Dona Ninon.

Os olhos azuis mais expressivos, os cabelos mais escuros e brilhantes, a presença mais marcante, era também da menina que no alto de seus 15, 16 anos, montou uma "escolinha" nos fundos da casa da Alameda dos Aicás, para ensinar as letras, os números e trabalhos manuais à penca de primos menores.

Nossa primeira "professora" não somente foi responsável por despertar o interesse pela alfabetização e pelas artes, mas, principalmente, por garantir os melhores momentos da infância. Aqueles em que nos reuníamos todos, apertados num quartinho, para acompanhar com nossas folhas sulfite, lápis de cor, cola e tesoura, suas "aulas" na lousa verde.

Tornou-se docente vocacionada, como tinha que ser, para a sorte dos alunos que cruzaram seu caminho. Ao lado do parceiro de uma vida, Paulo, construiu uma família linda: os filhos, Eduardo, Rafaela, Francisco e Júlia, e os netos, Martim, Iara e Cauã.

A distância física nunca me impediu de vibrar por cada conquista sua, pessoal e profissional, com o mesmo amor e admiração dos tempos de infância, que, aliás, voltaram-me deliciosamente à mente ao ler seus versos "sou Ninon a chover balas", referência a uma das muitas práticas inusitadas de nossa avó; ou "brincar de guarda-latas no sítio em Itu", o passatempo preferido das esperadas férias.

Escrever é um dom. Escrever poesias como Irene nos presenteia neste livro é mais que isso. Está no seu DNA, para orgulho da mãe poetisa, Acy Chaves Prado, eterna Dadá.

Impossível não se deixar levar pela escrita fluida, ao mesmo tempo forte e delicada dos versos bem escolhidos sobre temas que não se encerram, mas integram o universo feminino. Momentos triviais do cotidiano ganham cores e cheiros que, ouso acreditar, somente uma mulher saberia traduzir com tamanha sensibilidade.

O mundo precisa se tornar cada vez mais feminino, para recuperar parte de sua história invisibilizada. Deve suprir os séculos de silenciamento daquelas que foram impedidas de ter voz, de falar e escrever suas memórias ou reflexões, quanto mais publicar.

Com a obra, Irene consegue se opor à lógica que sempre destinou mulheres ao campo de "objeto" da realidade definida por outros, para se tornar "sujeito" que define sua própria história, usando aqui uma reflexão da pensadora contemporânea bell hooks. E com isso, acaba dando voz também a cada uma de nós: filhas, mães, netas, avós.

À Irene, parabéns por mais uma conquista e o desejo de que nunca deixe de expressar seus pensamentos e emoções por meio da poesia.

À Editora, congratulações por tornar possível a publicação, em tempos cada vez mais difíceis para o mercado editorial.

Aos leitores, o convite a mergulharem de corpo e alma (lavada pela água salgada) nos versos.

Boa leitura.

Silvia Chakian

Promotora de Justiça do Ministério Público de São Paulo, especializada no enfrentamento à violência contra a mulher

E precisa da rebeldia da Natureza para o homem se acalmar,

pra olhar pra dentro.

Ser humano é bicho complicado.

Leve como a flor,
vai meu pensamento.
Só deixo...

*Canta tão baixo e fino,
que aquieta
minhas vozes.*

A alma deve estar nos pés,
pois cada vez que os coloco no mar,
sinto a alma lavada.

Um toco de árvore entristece.
É sinal que o ser humano
passou por ali.

Por trás desse azul
do mar,
também tem tsunami.

O rio desemboca no mar
ou é o mar
que acolhe o rio?

*O que acalma
minha alma
é água salgada.*

Sol pela manhã,
bem cedinho,
faz festa no corpo da gente.

Crescente lua,
vem renovar
minha esperança,
que anda minguando.

Por detrás da igrejinha,
séculos
de contrastes.

Fitas coloridas para o Senhor do Bonfim,

penduradas, amarradas,

buscam

o que a razão desconhece.

Não preciso entender
tudo.
Às vezes, só aceitar
é suficiente.

Tinta, água, cores,
pincéis, lápis, aquarela.
A vida pode ser
bem colorida.

Inspirar
é pirar pra dentro.
Respirar
é pirar de novo.

Lenços diversos pendurados
me dão a certeza
do tamanho dos meus sonhos.

*Nuvens brancas no céu
provocam
minhas nuvens internas,
escuras.*

*O siri fez seu
o meu quintal.*

*O festejar dos passarinhos
está condicionado
à canjiquinha jogada,
livre, na areia.*

Se tiver muito no fundo,
pega impulso
e volta.

Só me diz: quarentena não queria dizer
trinta mais dez?
Eu, quando criança, era,
mas parece que até isso já mudou.

Na rede
a vida embala,
devagar e sempre.

O barulho dos filhos
voltando pra casa
é música.

Escrever é dar voz
a nossas loucuras,
esquecendo o julgamento.

*Sair da zona de conforto
é o impulso
da arte de viver.*

Águas tranquilas,

sempre,

não mudam o curso das coisas.

Leio o mundo,

lendo a Natureza.

Leio o outro,

lendo livros.

A *diferença*
é o que nos faz
sair da mediocridade.

*Não carregue outra preocupação
ao subir na garupa de uma moto,
me disse um dia meu irmão,
que não o simples gosto
do vento no rosto.*

A dor é pra nos lembrar
que somos feitos
de carne e osso.

*Sexo frágil
é quando fazemos sexo
sobre a mesa de vidro.*

*O que o mar leva,
a onda traz.
Cuidado onde joga
suas tristezas...*

Orquídea me fascina,
mas na vida,
sou mais a flor do campo.

Água correndo em meus olhos,
de alegria ou dor,
hidrata minha alma.

*Café e amigos
nos dão a certeza
do riso frouxo,
da vida leve.*

Entre dois continentes,
um oceano
e os sonhos dos meus filhos.

*O bacupari que vejo
pela janela do meu quarto
adoça os meus dias.*

O barulho dos macacos
livres, pelas árvores,
contrasta com os latidos, presos,
dos cachorros do vizinho.

Um coelho apareceu

no meio da noite, bem ali no meu quintal.

Fiquei esperando ele puxar o relógio

e dizer que estava atrasado.

O medo da morte,
quando não paralisa,
nos move, em frente.

Live, encontro on-line,

curso a distância, seja lá qual for o nome,

não quero mais.

Não têm cheiro.

Como me reinvento

se ainda não sei quem sou?

Lavo a louça

com o fervor de uma oração,

na esperança de não vê-la a rir da minha cara

minutos depois

novamente suja e acumulada.

Toda vez que olho para o mar,
bocejo.
Talvez assim
a maresia se entranhe em mim.

Nada contra o tricô,
mas caiaque, mergulho,
bicicleta, caminhada,
falam mais de mim.

*A pequenez do Arraial
me agiganta por dentro.*

*Minhas escolhas
me trouxeram até aqui.
Escolho continuar.*

Neto no colo
embala e leva longe o pensamento,
lá pra trás,
quando o colo era da sua mãe.

Da chácara
restaram os momentos.
Só os bons.
Os outros ficaram no passado.

Um companheiro pra vida
é um doce
sem a preocupação da diabetes.

Quando morrer,

quero ser cremada e jogada ao mar.

Me encanta a ideia de me espalhar em tanta água.

Nunca lembro dos meus sonhos.

Por precaução,

vou deixá-los onde estão.

Joguei I Ching,

mas não quero ver o que diz.

Não sei se estou preparada para sua resposta.

A minha época
não deixou saudades,
pois se estou viva,
minha época é hoje.

Por mais que nos doam,
nossas perdas
também nos trouxeram
até aqui.

"Mais vinte e quatro horas".
Não sou alcoólica,
mas me serve de mantra
tanto quanto o Ho'oponopono.

Em meu oratório,
acendo vela e incenso todos os dias.
Não sei pra Ele,
mas pra mim faz um bem danado.

Mingau de aveia
com canela,
se não servir para o intestino,
aquece a alma.

*Quando a chamada de vídeo acaba
e o coração aperta,
chorar no banho quente
é um privilégio.*

Dizem que ao envelhecermos

ficamos mais parecidos com
nossos pais.

Já me pego querendo rotinas

e escrevendo em guardanapos.

Eu, avó,
às vezes, sou Camilla
a fazer bolos e quitutes.
Mas na maioria das vezes,
sou Ninon a chover balas.

Saudade é uma coisa maluca.

Às vezes, consigo sentir

saudades do que não vivi.

*Festa de criança, pra ser boa,
tinha que ter cachorro-quente, pipoca,
geladinho e brigadeiro de copinho.
Ano após ano.*

Para cada filho,
um colo diferente.
O amor é tal e qual,
mas a necessidade é única.

Lembrança boa

é brincar de guarda-lata no sítio em Itu

bem ao final do entardecer

em meio às ruidosas gargalhadas infantis.

Meu avô descascava laranjas

com a maestria de um mágico

numa comprida e única casca.

Eu gostava mais disso do que
da própria laranja.

Pela janela do banheiro,
vejo a vizinha a varrer o seu quintal
nua em pelo.
Acho que careço de uma cortina.

Adoro caixas

pequenas, grandes, enfeitadas,

de madeira, papelão, plástico.

Às vezes, guardo uma dentro da outra...

É, adoro caixas.

Quando chegar ao céu,

a primeira coisa que vou fazer

*é abrir uma listinha que tenho
feito e dizer:*

*— Vem cá, tem umas coisinhas que não
entendi direito...*

Gasto meus lápis de cor

na esperança única

de colorir um pouco mais

aqueles dias em preto e branco.

Sou um ser ruminante,

pelo menos em meu processo criativo.

Enquanto a história não se forma na minha cabeça,

não consigo pôr pra fora.

Gosto de dias ensolarados.
O céu acinzentado
dói tanto em meus olhos
quanto em minha alma.

Sempre gostei de trabalhos manuais.

Durante minha vida como professora,

a cada férias,

*me refugiava em algo que
podia dominar*

e me sentia aliviada.

Quando meus filhos eram pequenos,

tinha uma assinatura de revistas em quadrinhos.

Hoje assino um clube de livros

e me sinto como eles, coração aos pulos

a cada grito de "— Correio!"

*A viagem para dentro
só é boa e completa
quando estamos despidos
daquele a quem chamamos Ego.*

Tem coisas que não têm conserto,
principalmente palavras.
Depois que saem,
o estrago está feito.

No caderno de anotações,

o retrato da minha vida:

receitas, desenhos,

histórias incompletas, ideias enviesadas.

Cabe tudo em um pequeno caderno de capa roxa.

Aprendi a usar lenços

na primeira vez em que fui a Portugal.

Saía cedo, de blusa regata, a andar pela
Avenida Liberdade

e na volta, fim do dia,

era o lenço que me salvava da
brisa fria.

Os retratos antigos
guardam o que falha a memória,
dentro de uma gaveta.

Olho os carneiros que pastam nos arredores da estrada.

Os seres humanos acovardados e dizimados

pelo inimigo invisível.

Alheios a isso, os carneiros pastam.

Na vida
quero ser jardineira
podando as energias ruins
e semeando novidades.

Atrás da máscara,

respiro apenas o necessário.

A Pandemia nos deixou com medo de respirar fundo.

Coisa que gosto é andar a pé,
vagar entre as ruas,
sem destino, sem rumo.
Meus melhores pensamentos
Vêm nesses momentos.

O cheiro da comida
feita no fogão a lenha
se confunde
com o cheiro do meu amor.

Aqui tudo é mais simples:

a verdura e as frutas chegam
de caminhão, do sítio,

o pão integral é feito pela vizinha,

o dono da casa é o amigo de
todas as horas.

Viver não precisa ser complicado.

A melhor parte
de viver na Bahia
é a sensação verdadeira
de que se acabou a pressa.

As roupas estendidas no varal
em meio à garoa fina
não são motivo suficiente
pra me tirar hoje da rede.

Depois do almoço,
os cachorros se espalham pela varanda
à procura de sombra fresca.
Talvez eu faça o mesmo.

No meu quintal,
as plantas crescem a bel-prazer:
selvagens, livres, felizes
como meus filhos cresceram ontem.

Dor de cabeça pra mim
é sinal de rebeldia da minha ansiedade.
A cada ano tenho menos,
porque me conheço mais.

*Envelhecer não é fácil
nem é bonito,
mas quando vem carregado
da sensação de dever cumprido,
pode ser bem reconfortante.*

O Caminho de Santiago,
pra mim, é uma meta.
Não sei o porquê, nem sei quando,
mas tenho como certo
que está no meu caminho.

Todos os dias
olho o mar
e ele
me olha de volta.

Calma, tempo,

vai devagar,

ainda tenho tantos planos...

Os sapatos na soleira da porta
deixam pra fora
a sujeira do mundo.

Aposentar tirou de mim
o peso de ser algo.
Agora, levemente,
não sou.

*A vida é feita de recomeços.
Todo dia, quando acordo,
recomeço a minha história
diferente do que foi ontem,
porque hoje já sou outra.*

Minha casa sempre foi assim
portas abertas,
janelas escancaradas.
A felicidade não entra pelas frestas.

São tantas flores,
tantas cores e cheiros,
que rendem definitivamente
todos os meus sentidos.

Escrevo para me libertar

das palavras presas dentro de mim.

Nossas conquistas

podem até parecer pequenas

na imensidão das injustiças que vivemos.

Mas são conquistas

e são nossas.

Olho o pequeno passarinho pairando de flor em flor,

batendo as asas freneticamente

e concluo que

se beija-flor fosse criança de hoje em dia,

tinha diagnóstico de TDAH e tomava Ritalina.

Meus cabelos acompanham as minhas fases:

já foram curtos, compridos,

cacheados, raspados, vermelhos,

presos, cheios de volume, lisos.

Hoje são curtos e têm a cor da lua cheia.

Faxina pra mim
não tem dia certo.
É no dia em que me disponho
a tirar o pó do mundo.

*Aprendi a desenhar
em uma situação bem atípica.
Deus, às vezes, escreve certo
por linhas bem tortas.*

No meu quintal

tem uma árvore de passarinhos.

Seus galhos secos abrigam a todos

que esperam, ansiosos,

as manhãs com canjiquinha espalhada pela areia.

O cheiro de hortelã

que toma conta da casa,

me lembra do "Chá das Cinco"

que tomava com minha mãe
quando criança,

britanicamente às cinco

entre risos e afeto.

Terremoto na Bahia
só foi percebido
dois dias depois de acontecido.
"E foi?"

A *asa branca*

*acabou de pular da música de
Luiz Gonzaga*

bem no meio do meu quintal.

A maresia acaba com tudo o que é eletrônico.

Televisão, computador,

celular e micro-ondas já pifaram.

Paciência.

Preciso mais do mar que deles.

*Em tempos de Pandemia,
uma tosse descuidada
vinda da casa ao lado
descarrega adrenalina
no corpo já estressado.*

Recebo a energia boa do Universo
pelas águas quentes do mar da Bahia.
Simplesmente agradeço.

Todo mundo tem um lado bom.
Às vezes, é difícil de achar,
porque o lado bom
deve ser o lado do avesso.

A motosserra que ouço ao lado

mostra que em dez minutos
de burrice humana

caem por terra décadas da Natureza.

A chuva que cai lá fora
é o choro incontido da Natureza.
Talvez por pura empatia
a chuva caia dos meus olhos também.

No terreno da casa ao lado,

arrancaram árvores seculares, sem dó nem piedade,

pra dar espaço, muito mais do que o necessário,

para a estupidez humana,

que agora constrói uma casa

e gasta os tubos em ar condicionado

para trazer de volta o ar fresco

que as árvores antes proporcionavam.

Adoro acordar com barulho de chuva e lembrar que posso, simplesmente, permanecer na cama.

A dança afro que experimento
traz minha ancestralidade à tona
no ritmo do atabaque
que dita o suor que tenho pelo corpo.

*Em noite de lua cheia,
coloco minha cadeira na areia
e assisto a lua nascer no mar.
Essa programação
não passa em qualquer canal.*

Quando o mar está bravo,
ao invés de entrar nele,
sento na beira da praia
e deixo o mar entrar em mim.

*Fim de ano
é momento de tirar
a poeira da vida
acumulada no dia a dia
e começar o novo
de alma limpa.*

No meu quintal

estão ancorados quatro barcos diferentes.

Talvez um dia

o mar venha visitá-los.

Um tombo besta e um pé torcido

me fazem parar quase tudo.

Mas meus sonhos superam o corpo físico

e voam leves, corpo afora.

O tempo nubla,

o peito aperta

e a ansiedade mostra a sua cara.

Se acalma, minha alma,

é só o Floral de Bach que acabou.

Não,

não quero mais compromisso,

simplesmente não quero.

Hoje entendo muito mais

quando o meu pai se aposentou
da escola.

O filho queria arrumar-lhe trabalho

e ele, irritado, soltava um
sonoro "– NÃO!"

Ah, como eu entendo...

Às vezes, tenho a sensação
que pareço uma metralhadora
atirando para todos os lados.
Alguma coisa há de acertar.
Ou não...

Nossos medos mais irracionais,
o meu de rato, por exemplo,
jogam na nossa cara
a estranha fragilidade do ser humano.

Tem dias que me sinto
como aqueles três macaquinhos:
não quero ouvir, nem ver,
muito menos falar.

Passei um tempo
sem acender minhas velas no oratório.
Ainda não percebi
se cansei de pedir
ou de agradecer.

As carinhas dos meus netos
no papel de parede do meu celular
me lembram, logo cedo,
como a vida sabe ser boa.

Acho que o outono
é minha nova estação preferida
desde que mudei pra Bahia.
É quente, alguns dias morna
com chuvas que levantam
o cheiro bom da Mata Atlântica.

Tem dias que achamos

*que podemos resolver
todos os problemas do mundo*

e vamos dormir frustrados,

porque simplesmente não podemos.

A planta que se espalha

e cresce para todos os lados

virou abrigo de visitantes que
não quero.

Sinto muito, planta,

mas minha sanidade não tem preço.

Espero, ansiosa,

poder pegar um avião

só para abraçar a minha mãe.

Ela não vai lembrar,

mas eu lembro como é quente o seu abraço

e isso já basta.

Sempre disse
que filho foi feito pra voar.
Os meus atravessaram o oceano.
Não me arrependo,
só morro de saudades.

Olho para trás

e vejo mais conquistas que arrependimentos.

*A melhor herança
que deixamos para os filhos
é a riqueza
dos afetos construídos.*

A teoria do ócio criativo
hoje faz tanto sentido para mim.
Aposentada, morando na Bahia,
nunca criei tanto.

A sacola de algodão nos faz lembrar
a lei do retorno.
O que você faz hoje pelo planeta,
retorna para os seus netos.

Tem dia que a gente acorda
tão pra baixo

que só vê o vermelho

do cimento queimado do piso.

Mesmo a beleza da Bahia,

por vezes,

não é suficiente

para tirar a tristeza de dentro de mim.

*Estou sentindo falta
de planejar a próxima viagem.
Tá difícil fazer planos.*

A Pandemia me tirou

a vontade de passar batom.

Não sou como muitas muçulmanas,

lindamente maquiadas por
baixo da burca.

*Tem sempre um dia novo
depois de um dia ruim.*

O revolver da terra
traz o cheiro da terra molhada
em dias de chuva
e desperta os sentidos.

O tempo é algo engraçado.

Parece que quanto menos tempo temos,

mais tempo arrumamos

para aquilo que é importante.

*Sempre gostei de ficar em casa
inventando coisas pra fazer,
mudando as coisas de lugar.
Hoje, em Pandemia, confinada,
dou graças a esse gosto
que me garante a sanidade.*

Olho os livros que escrevi
estacionados na prateleira
só esperando o dia da liberdade
nas mãos de uma criança.

Preciso me organizar mentalmente
para que a organização física aconteça.
Ou será o contrário?
O ovo ou a galinha...

As alegrias e preocupações
crescem em progressão geométrica
ao crescimento da família.
Adoro árvores cheias de galhos!

*Escrevo todos os dias
de frente para a janela,
a vista ajuda na inspiração
e a brisa na transpiração.*

Gosto de fazer meus manuscritos
a lápis
em um caderninho pequeno
simples, brochura.
O atual tem capa roxa
e traz dentro dele
todos os meus devaneios.

Já tive filhos,
plantei árvores
e escrevi livros...
Espere aí, ainda me falta muita coisa.

Se tem uma coisa
que desperta meus piores instintos,
é resolver coisas de banco
e quando a internet cai.

Meu corpo já não é o mesmo,
mas graças a Deus,
minha cabeça também não.

Todos os dias sento para escrever

qualquer coisa que seja.

Às vezes, a cabeça tá tão vazia

que poderia escrever sobre o vácuo.

O melhor presente de Natal
que posso dar a mim mesma
é a intenção de ser melhor
todo dia.